Windows 10 Update
Frühjahr 2019

Alles zum Funktions-Update

Wolfram Gieseke

Windows 10 Update Frühjahr 2019

Alles zum neuen Funktions-Update

Alle neuen Funktionen

Neues bei Oberfläche & Einstellungen

Versteckte Änderungen & Details

Die Deutsche Nationalbibliothek verzeichnet diese Publikation in der Deutschen Nationalbibliografie; detaillierte bibliografische Daten unter http://dnb.dnb.de

© 2019 Wolfram Gieseke

Herstellung und Verlag:
BoD – Books on Demand, Norderstedt

ISBN: 978-3-7392-1224-1

Vorwort

Microsoft bleibt bei seinem Plan, halbjährliche Funktions-Updates auszuliefern. Mit dem Frühjahrs-Update 2019 liegt nunmehr das siebte große Update mit neuen Funktionen und grundlegenden Änderungen vor.

Zu den wichtigen Neuerungen gehört der als Sandbox bezeichnete Schutzmechanismus: Er stellt Ihnen ein Windows innerhalb von Windows zur Verfügung, in dem Sie beliebig neue Programme ausprobieren oder andere Tests vornehmen können. Selbst eine mit Viren verseuchte Anwendung ist dabei unproblematisch, denn die Sandbox schirmt Ihr Windows zuverlässig von der Testumgebung ab und beim Beenden verschwinden alle Daten der Sandbox rückstandlos.

Auch beim Thema Update selbst tut sich wieder etwas. Die neuen Einstellungen machen es leichter, neue Windows-Versionen erst zu installieren, wenn Sie ausreichend „gereift" sind. Darüber hinaus gibt es wie immer zahlreiche kleinere und größere Änderungen auf und unter der Oberfläche, über die Sie in diesem Buch alles nachlesen können.

Wolfram Gieseke

Inhaltsverzeichnis

1. Apps gefahrlos in der Windows Sandbox ausprobieren

Zu den größten und interessantesten Neuerungen beim Mai 2019-Update gehört die Windows Sandbox. Das ist ein virtueller „Sandkasten", in dem man Programme, aber auch Einstellungen und Windows-Funktionen gefahrlos testen kann. Hierzu aktiviert man ein „Windows in Windows", also ein vollwertiges Windows-System, das wie eine Anwendung in einem Windows-Fenster ausgeführt wird. Dieser Sandkasten ist vom eigentlichen Windows und Ihren Daten völlig isoliert. Selbst wenn man darin ein Programm mit einem Virus oder Trojaner installiert, besteht keine Gefahr. Schließt man das Fenster, werden alle Änderungen rückgängig gemacht.

Hintergrund: Container statt virtuellen Systems

Das Prinzip eines virtuellen Test-Windows ist Ihnen vielleicht schon von Windows Hyper-V oder ähnlichen Lösungen wie etwa VirtualBox bekannt. Windows Sandbox virtualisiert allerdings nur den eigentlichen Windows-Kern. Für alles andere wird eine Container-Technik eingesetzt, welche die Komponenten der „echten" Windows-Installation nutzt, aber alle Zugriffe unterbindet, die diese verändern könnte. Diese Mischung von Virtualisierung und Container bietet im Vergleich zu einem kompletten virtuellen Windows viele Vorteile, da sie viel performanter ist, weniger Kompatibilitätsprobleme verursacht und auch weniger Arbeits- und Festplattenspeicher benötigt. Trotzdem ist sie genauso sicher wie ein virtuelles Windows, da die Zugriffe im Sandkasten völlig vom eigentlichen Windows isoliert werden. Was immer in der Sandbox geschieht, kann also keine Auswirkungen auf Windows, installierte Anwendungen oder gespeicherte Daten außerhalb des Sandkastens haben.

Die Sandbox-Funktion aktivieren

Standardmäßig ist die Windows Sandbox nicht aktiv und die erforderlichen Komponenten auch nicht installiert. Sie müssen sie deshalb zunächst aktivieren.

Voraussetzungen für Windows Sandbox
Um diese Funktion nutzen zu können, muss der PC über eine Virtualisierungserweiterung verfügen (VT-x) und diese muss ggf. im BIOS aktiviert werden. Außerdem müssen mindestens 4 GB Arbeitsspeicher vorhanden sein und der Prozessor mindestens zwei Kerne haben.

1. Öffnen Sie in der klassischen Systemsteuerung das Modul *Programme und Features*.

2. Wechseln Sie dort im Navigationsbereich links auf *Windows-Features aktivieren oder deaktivieren*.

3. Suchen Sie in der anschließenden Liste recht weit unten die Option *Windows Sandbox* und setzen Sie

dort ein Häkchen. Sollte der Eintrag ausgegraut sein, unterstützt Ihr PC die Voraussetzungen nicht (siehe Infokasten).

4. Klicken Sie dann auf *OK* und warten Sie kurz die Installation der benötigten Komponenten ab. Anschließend ist ein Neustart erforderlich.

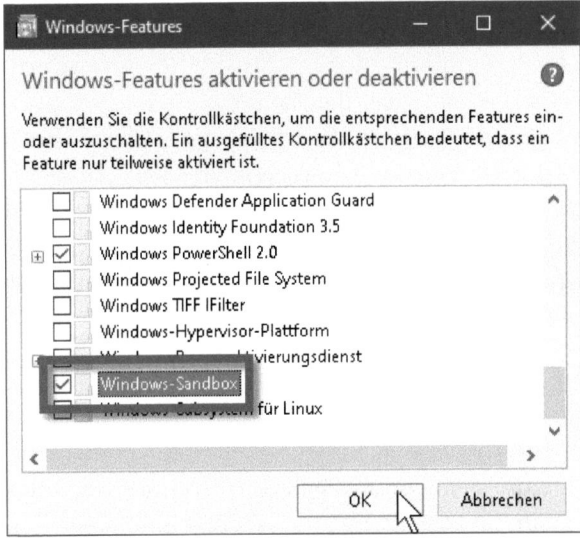

Windows Sandbox für Windows 10 Home
Die Sandbox ist ab der Pro-Edition verfügbar. Aber auch Home-Nutzer können davon profitieren, da sie sich mit einem Trick auch dort installieren lässt. Laden Sie sich dazu unter www.deskmodder.de/blog/2019/04/20/windows-10-home-windows-sandbox-installieren-und-nutzen/ eine Batchdatei herunter und führen Sie diesen einmalig aus.

Windows Sandbox ausführen und nutzen

Nach dem Aktivieren der *Windows Sandbox* in der Systemsteuerung finden Sie ein gleichnamiges Symbol dafür im Startmenü vor. Alternativ tippen Sie „sand" im Suchfeld der Taskleiste ein und erhalten dann den passenden Eintrag zur direkten Auswahl.

Beim ersten Start der Sandbox müssen Sie etwas länger warten, da Windows das Image für den virtuellen Windows-Kern erst erstellen muss. Später geht es dann meist deutlich schneller. Ihre Geduld wird mit einem „Windows-in-Windows" belohnt, also einem Fenster, in dem eine zusätzliche, völlig isolierte Windows-Umgebung läuft.

Sie finden hier die bekannten Apps aus dem Installationsumfang vor, wie etwa Explorer oder Edge-Browser. Letzteren können Sie verwenden, um Programme herunterzuladen und zu installieren. Wenn Sie einen anderen Webbrowser bevorzugen, können Sie auch diesen in der Sandbox herunterladen und installieren. Allerdings müssen Sie das dann jedes Mal wieder tun.

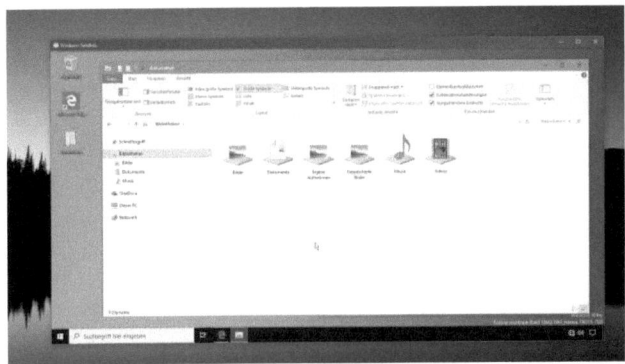

Dateien in die Sandbox einfügen

Um Programme oder Dokumente von Ihrem PC in der Sandbox zu testen, können Sie diese in die laufende Windows Sandbox einfügen.

1. Klicken Sie auf Ihrem PC das Symbol der Anwendungs- bzw. Setup-Datei oder das Dokument mit der rechten Maustaste an und wählen Sie im Kontextmenü den *Kopieren*-Befehl.

2. Starten Sie dann die Sandbox bzw. wechseln Sie zum bereits geöffneten Sandbox-Fenster.

3. Klicken Sie auf eine freie Stelle des Windows-Desktops in der Sandbox mit der rechten Maustaste.

4. Wählen Sie im so geöffneten Kontextmenü den Befehl *Einfügen*.

5. Die Datei wird auf dem Desktop des Sandbox-Windows abgelegt und kann dort geöffnet bzw. ausgeführt werden.

Sandbox beenden

Um die Windows Sandbox zu beenden, klicken Sie jederzeit oben rechts auf das *X*-Symbol des Fensters. Eine Sicherheitsrückfrage macht Sie dann darauf aufmerksam, dass alle Änderungen, die Sie seit dem Start in der Testumgebung vorgenommen haben, beim Beenden rückstandlos entfernt werden. Auch wenn Sie beispielsweise einen anderen alternativen Browser installiert haben, wird dieser beim nächsten Start von Windows Sandbox nicht mehr vorhanden sein.

Sandbox startet nicht?
Die Windows-Sandbox startet nicht bzw. bricht den Start nach kurzer Wartezeit mit einer Fehlermeldung ab? Kein Grund zur Beunruhigung, denn Sie sind mit diesem Problem nicht alleine. Viele Anwender waren unmittelbar nach dem Update von diesem Problem betroffen. Microsoft hat den Fehler eingeräumt und arbeitet an einem Update, das ihn beheben soll. Also einfach etwas Geduld haben und später erneut versuchen.

Die Windows Sandbox konfigurieren

Es gibt keine Einstellungsmenüs für das Verhalten der Windows Sandbox. Über spezielle Konfigurationsdateien kann man das Verhalten aber trotzdem steuern und so beispielsweise einen Ordner des Host-Windows als Laufwerk im Sandbox-Windows einbinden. So erspart man es sich, beispielsweise heruntergeladene Dateien immer erst manuell in die Sandbox einfügen zu müssen.

Die Konfigurationsdatei muss man selbst manuell erstellen und sich dabei genau an die Vorgaben von Microsoft halten. Es muss sich um eine Textdatei handeln, die jeweils mit `<Configuration>` beginnt und mit `</Configuration>` endet. Dazwischen können eine Reihe von Eigenschaften beschrieben werden, die jeweils in der Form `<Eigenschaft>Wert</Eigenschaft>` angegeben werden. Soll beispielsweise die Netzwerkfunktionalität des Sandbox-Windows deaktiviert werden, lautet die Anweisung:

```
<Networking>Disable</Networking>
```

Will man Ordner des realen Windows in die Sandbox-Umgebung einbinden, ist das noch etwas komplexer:

```
<MappedFolders>
     <MappedFolder>
          <HostFolder>
          C:\Users\Public\Downloads
          </HostFolder>
          <ReadOnly>true</ReadOnly>
     </MappedFolder>
</MappedFolders>
```

Will man mehrere Ordner einbinden, kann man zwischen `<MappedFolders>` und `</MappedFolders>` weiter `<MappedFolder>...</MappedFolder>`-

Abschnitte anlegen (wichtig, dabei den Unterschied zwischen Folder und Folders zu beachten!).

Weiterhin kann man einen Befehl hinterlegen, der in der Sandbox automatisch beim Start ausgeführt wird, beispielsweise das Öffnen des Download-Ordners:

```
<LogonCommand>
    <Command>
        explorer.exe  C:\users\WDAGUtility
        Account\Desktop\Downloads
</Command>
</LogonCommand>
```

Die so erstellte Datei muss mit der Endung .wsb gespeichert werden. Daran erkennt Windows, dass es sich um eine Konfigurationsdatei für die Sandbox handelt. Wenn Sie eine solche Datei per Doppelklick aufrufen, startet Windows die Sandbox und konfiguriert sie automatisch nach den darin enthaltenen Vorgaben.

Sandbox.wsb

```
Sandbox.wsb - Editor                                    —    □    ×
Datei  Bearbeiten  Format  Ansicht  ?
<Configuration>
<VGpu>Disable</VGpu>
<Networking>Disable</Networking>
<MappedFolders>
    <MappedFolder>
        <HostFolder>C:\Users\Public\Downloads</HostFolder>
        <ReadOnly>true</ReadOnly>
    </MappedFolder>
</MappedFolders>
<LogonCommand>
    <Command>explorer.exe C:\users\WDAGUtilityAccount\Desktop\Downloads</Command>
</LogonCommand>
</Configuration>
                                                    Zeile 1, Spalte 1
```

2. Neues bei der Windows-Suche

Eine gründliche Renovierung hat – nicht zum ersten Mal – die Windows-Suche erfahren. Grundlegend hat Microsoft die Suchfunktionen und die Sprachassistentin Cortana wieder getrennt. Das zeigt sich in der Taskleiste, wo beide nun wieder mit eigenen Bereichen bzw. Symbolen vertreten sind. Und auch in den Einstellungen hat die Suche nun ihre eigene Rubrik erhalten. Weitere Änderungen sind erst auf den zweiten Blick sichtbar, können aber trotzdem weitreichend Auswirkungen haben.

Suche und Cortana steuern

Ab sofort haben die Windows-Suche und Cortana jeweils eigene Elemente in der Taskleiste. Cortana behält das kreisrunde Symbol, über das Sie die Assistentin jederzeit aktivieren können. Die Suche hat ein Lupensymbol, aber wer sie regelmäßig nutzt, kann stattdessen auch direkt ein Eingabefeld anzeigen lassen.

1. Klicken Sie mit der rechten Maustaste auf einen freien Bereich der Taskleiste.

2. Mit dem Eintrag *Cortana-Schaltfläche anzeigen* legen Sie fest, ob das Cortana-Symbol in der Taskleiste auftauchen soll. Wenn Sie Cortana nichts abgewinnen können, blenden Sie sie hiermit am besten ganz aus.

3. Der Eintrag *Suchen* öffnet ein Untermenü.

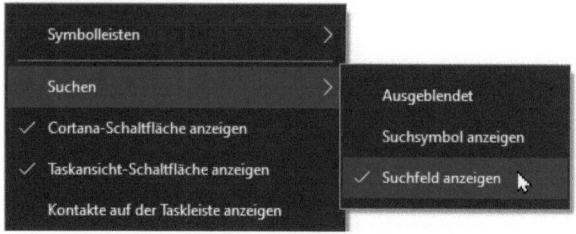

4. Hier können Sie die Suche ganz ausblenden, nur das Suchsymbol oder gleich das Suchfeld in der Taskleiste anzeigen lassen.

Wenn Sie das Suchsymbol in der Taskleiste nutzen, klicken Sie bei Bedarf einfach darauf, um den Suchen-Dialog anzuzeigen. Beim Suchfeld tippen Sie ebenfalls einfach mit der Maus hinein. Allerdings steht Ihnen bei dieser Variante auch die „mauslose" Nutzung offen: Wenn Sie mit **[Windows]** das Startmenü öffnen, können Sie anschließend direkt lostippen. Die Eingabe erfolgt dabei im Suchfeld.

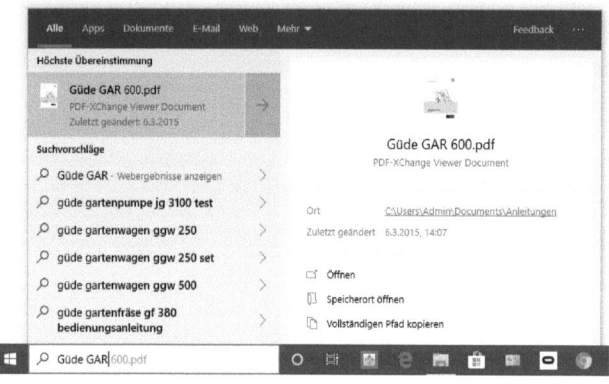

Auch der Suchdialog erscheint auf den ersten Blick gegenüber der vorigen Version verändert. Diese Anpassungen sind aber nur kosmetischer Art, funktionell hat sich nichts geändert.

Die fünf meistgenutzten Elemente im Suchmenü

Weil es Eifer des Gefechts schnell untergeht: Wenn Sie das Suchmenü öffnen, aber noch nichts eingetippt haben, zeigt das Menü Ihnen Einträge Ihrer meistgenutzten Apps sowie die letzte Einträge Ihrer Windows-Zeitachse.

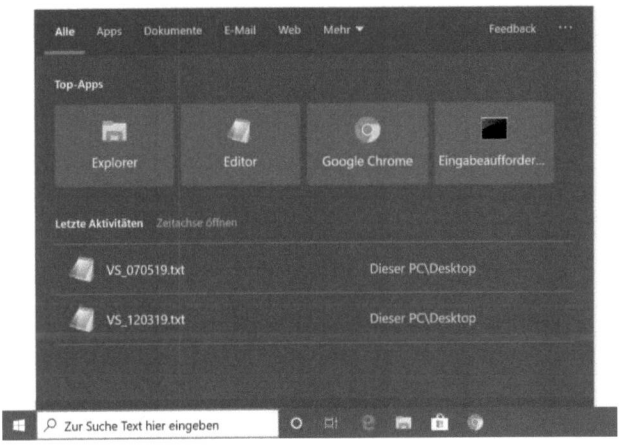

Die neuen Such-Einstellungen

Für die *Suche* finden Sie nun eine eigene Rubrik in den Windows-Einstellungen. Die wesentlichen Optionen

Suche
Meine Dateien finden,
Berechtigungen

enthält der Bereich *Berechtigung & Verlauf*. Auf die Einstellungen bei *Windows durchsuchen* geht der nachfolgende Abschnitt ausführlicher ein.

SafeSearch

SafeSearch ist eine Funktion des Kinder- und Jugendschutzes von Windows. Sie kann dafür sorgen, dass in der Webvorschau der Suchfunktion keine Inhalte angezeigt werden, die für jüngere Benutzer ungeeignet sind. Aber auch ältere Anwender bevorzugen es vielleicht, beim Eintippen von Suchbegriffen, nicht versehentlich anzügliche Suchvorschläge zu erhalten.

SafeSearch

In der Webvorschau für Windows Search werden Inhalte für Erwachsene nicht automatisch geladen. Wenn Sie die Webvorschau auswählen, werden wir die folgende Einstellung anwenden.

○ Streng – Nicht jugendfreie Texte, Bilder und Videos aus meinen Webergebnissen herausfiltern

◉ Mittel – Nicht jugendfreie Bilder und Videos, aber keinen Text aus meinen Webergebnissen herausfiltern

○ Aus – Keine nicht jugendfreien Inhalte aus meinen Webergebnissen herausfiltern

---

Dementsprechend können Sie diese Funktion hier einstellen. Der Unterschied zwischen den beiden oberen Optionen ist im Wesentlichen, dass mit *Streng* alle nicht jugendfreien Inhalte blockiert werden, während *Mittel* nur visuelle Inhalte herausfiltert.

Haben Sie bezüglich des Jugendschutzes bei Ihrem PC keine Bedenken, können Sie die Option *Aus* wählen.

Cloud-Inhalte durchsuchen

Die Suchfunktion kann automatisch auch die Inhalte von Cloud-Speichern berücksichtigen, wenn Sie ein *Microsoft-Konto* oder ein *Geschäfts-, Schul- oder Unikonto* verwenden. Wenn Sie Dokumente in der Cloud speichern, kann das eine praktische Zusatzfunktion sein. Die Kehrseite aber ist, dass alle Ihre Sucheingaben dadurch automatisch an die Cloud übermittelt und dort von Microsoft erfasst und ausgewertet werden können.

Deshalb bietet Ihnen dieser Abschnitt die Möglichkeit, das Suchen in der Cloud für die verschiedenen Arten von Konten zu deaktivieren. Schalten Sie die entsprechenden Schalter dazu einfach auf *Aus*.

Verlauf

Windows erhebt eine ganze Reihe von Daten über Ihre Aktivitäten. So wird im Geräteverlauf erfasst, welche Apps Sie benutzt, welche Dokumente Sie geöffnet oder welche Webseiten Sie besucht haben. Ebenso speichert der Suchverlauf, wonach Sie in letzter Zeit gesucht haben. Wenn Sie mehrere Windows-Geräte mit demselben Microsoft-Konto verwenden, werden diese Verlaufsdaten außerdem zwischen den Geräten synchronisiert.

Verlauf

App-Verlauf, Einstellungsverlauf und andere Verläufe von meinen
angemeldeten Geräten verwenden, um die Suche auf Geräten zu
verbessern

Mein Geräteverlauf

(● ⟩ Aus

Meinen Geräteverlauf löschen

Mein Suchverlauf

(● ⟩ Aus

Suchverlauf von meinen angemeldeten Geräten verwenden, um die
Suche auf Geräten zu verbessern
Meinen Suchverlauf auf allen angemeldeten Geräten anzeigen oder
löschen.

Einstellungen für den Suchverlauf

Im Abschnitt *Verlauf* können Sie festlegen, ob die
Windows-Suche auf diese Verlaufsdaten zugreifen
darf, um bessere Suchergebnisse zu erzielen. Im
Prinzip ist das eine sinnvolle Sache. Problematisch
kann es nur werden, wenn die beteiligten Geräte auch
von anderen Personen (mit-)genutzt werden. Denn
dann kann es passieren, dass andere über diesen
Umweg nachvollziehen können, was Sie mit Ihrem
PC gemacht oder gesucht haben. Deshalb können Sie
diese Funktionen hier deaktivieren sowie die Verläufe
auch direkt löschen.

Erweiterter Modus beim Indexdienst

Der Indexdienst von Windows erfasst Ihre Dokumenten und erstellt daraus einen Suchindex, so dass selbst Volltextsuchen innerhalb von wenigen Sekunden durchgeführt werden. Dazu werden in regelmäßigen Abständen alle Dateien in Ihrem Benutzerordner analysiert und ihr Inhalt in einer Datenbank indiziert. Die Einstellungen zum Steuern der Indizierung finden Sie nun in der *Suche*-Rubrik der Windows-Einstellungen im Bereich *Windows durchsuchen*.

Bislang arbeitete der Windows-Suchindex nach einem Einschlussverfahren: Standardmäßig werden der Benutzerordner und das Startmenü erfasst. Weitere Ordner kann man bei Bedarf manuell hinzufügen. Dies wird nun als *Klassisch* bezeichnet und kann auch weiterhin beibehalten werden.

Meine Dateien finden

○ **Klassisch**
Nur Bibliotheken und Desktop durchsuchen
Suchorte hier anpassen

◉ **Erweitert**
Durchsuchen Sie Ihren gesamten PC, einschließlich Ihrer Bibliotheken und Ihres Desktops. Passen Sie die ausgeschlossenen Suchorte unten an. Die erste Durchsuchung Ihrer Daten findet nur statt, wenn eine Verbindung zum Stromnetz besteht. Diese Option kann die Akkulaufzeit verringern und den CPU-Verbrauch erhöhen.

Mit dem Mai 2019-Update erhält die Indizierung alternativ einen *Erweitert*-Modus, der nach dem Ausschlussverfahren arbeitet: Standardmäßig erfasst er erstmal sämtliche Daten auf allen Laufwerken. Will man bestimmte Ordner nicht erfassen, kann man diese aber gezielt ausschließen. Einige Ordner sind auch bereits „ab Werk" ausgeschlossen, weil ihr Durchsuchen sinnlos wäre (beispielsweise *C:\Windows*).

Dieser erweiterte Modus ist hilfreich, wenn man mehrere Laufwerke nutzt oder eigenen Ordnerstrukturen bevorzugt, die sich nicht am Windows-Standard orientieren. Dann kann man sich die Mühe ersparen, den Suchindex mühsam anzupassen. Die Kehrseite ist, dass tendenziell zu viel indiziert wird, was Mehrarbeit für den PC und höheren Stromverbrauch bedeutet. Wirklich ins Gewicht dürfte dies aber nur bei Mobilgeräten fallen, wo die Akkulaufzeit sich dadurch verringern könnte.

Ordner im erweiterten Modus ausschließen

Im Abschnitt *Ausgeschlossene Ordner* finden Sie eine Liste der standardmäßig ignorierten Ordner. Mit *Ausgeschlossene Ordner hinzufügen* oberhalb davon fügen Sie weitere Ordner der Ausschlussliste hinzu. Klicken Sie dazu im anschließenden Auswahldialog den Ordner an, dessen Inhalt im erweiterten Modus nicht indiziert werden soll.

Ausgeschlossene Ordner

Es wird nicht in den folgenden Ordner gesucht. Fügen Sie Ordner hinzu und entfernen Sie Ordner, um Ihre Suche zu personalisieren.

+   Ausgeschlossenen Ordner hinzufügen

C:\ProgramData\

C:\Users\Admin\.nuget\

3. Neues in der Windows-Oberfläche

Auch auf der Oberfläche bzw. bei den Möglichkeiten, das Erscheinungsbild von Windows zu gestalten hat sich wieder mal hier und da etwas getan. Keine revolutionären Neuerungen, aber die Windows-Oberfläche lässt sich nun noch einfacher und individueller bis hin zu Details wie der Farbe des Mauszeigers gestalten. Und auch funktionell gibt es neue Möglichkeiten wie das bequem Steuern der Bildschirmhelligkeit bei mobilen Geräten oder die Ergänzung des Dialogs zum Einfügen von Emoticons um Sonderzeichen und ASCII-Art.

Windows mit helleren Farben

In der Vergangenheit wurde bereits ein dunkler App-Modus eingeführt, der sich aber nicht auf die Windows-Oberfläche selbst auswirkt, die ohnehin eher dunkel gehalten ist. Wen das stört, der kann nun einen hellen Windows-Modus wählen, in dem Elemente wie Taskleisten und Startmenü heller und freundlicher dargestellt werden. Insbesondere in Verbindung mit dem dunklen App-Modus ergibt sich dadurch ein anderer aber ebenfalls sehr stimmiger Kontrast in der Oberflächengestaltung.

1. Öffnen Sie in den Windows-Einstellungen den Bereich *Personalisierung/Farben*.

2. Stellen Sie hier im Abschnitt *Farben* bei *Farbe auswählen* die Option *Benutzerdefiniert* ein.

3. Nun können Sie darunter bei *Standardmäßigen Windows-Modus auswählen* die Variante *Hell* einstellen.

4. Die Änderung wirkt sich unmittelbar aus. Außerdem können Sie in der schematischen Darstellung ganz oben im Bereich *Farben* beobachten, auf welche Elemente sich diese Option bezieht.

5. Weiter unten können Sie wie gehabt den *Standard-App-Modus auswählen* und somit eine einheitliche oder eher kontrastreiche Bedienoberfläche für Ihren PC wählen.

Übersicht im Start-Menü

Für neu eingerichtete Benutzer wird das Startmenü übersichtlicher gestaltet (von bereits eingerichteten Benutzerkonten lässt Windows sinnvollerweise die Finger). Zwar platziert Windows nach der Installation weiterhin Kacheln für alle möglichen Apps auf die Startseite. Aber die meisten sind nun in Kachelordnern zusammengefasst. Und im Kontextmenü dieser Kachelordner findet man den Befehl *Ordner von "Start" lösen*, mit dem sich der Ordner mitsamt Inhalt schnell entfernen lässt. So erhält man nach einer Neuinstallation mit wenigen Mausklicks ein aufgeräumtes Startmenü.

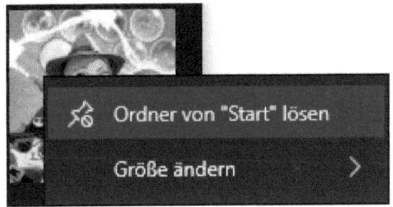

Mauszeiger größer und farbiger

Für den Mauszeiger konnte man bislang nur wenige Größenstufen und drei monochrome Farbvarianten wählen. Hier haben die Entwickler ordentlich nachgebessert, indem der Zeiger nun feiner abgestuft und vor allem wesentlich größer sein kann. Außerdem kann er auch farbig gestaltet werden, wobei neben einigen Standardfarben auch die völlig freie Farbwahl möglich ist.

1. Die Einstellungen hierfür finden Sie in der Rubrik *Erleichterte Bedienung/Cursor & Zeiger*.

2. Hier finden Sie nun einen Schieberegler *Zeigergröße ändern*, der Ihnen 15 Stufen für die Größenwahl bereitstellt. Änderungen wirken sich unmittelbar aus, während Sie den Schieber bedienen, so dass man sehr schnell die bevorzugte Größe finden kann.

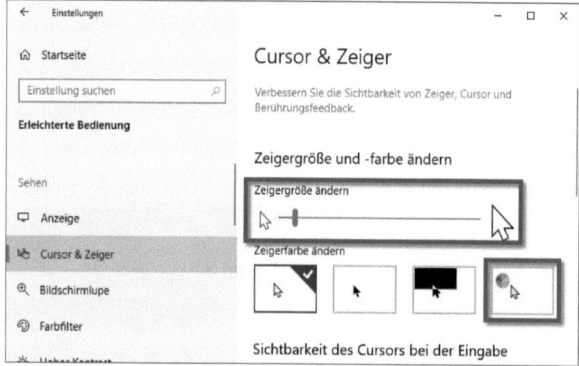

3. Direkt darunter bei *Zeigerfarbe ändern* wurde rechts ein zusätzliches Feld für farbige Zeiger ergänzt. Klicken Sie darauf, wird die zusätzliche Farbwahl eingeblendet.

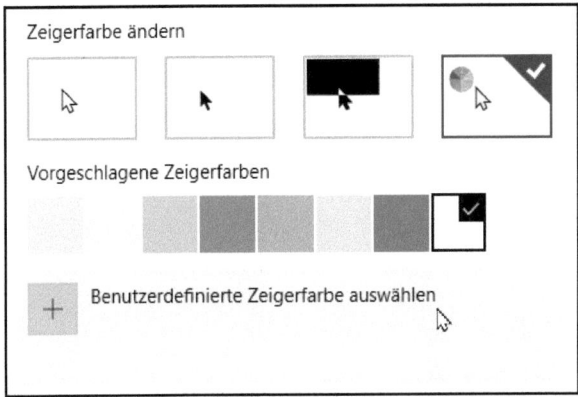

4. Hier können Sie eine von sieben vorgegebenen Standardfarben wählen. Oder Sie klicken darunter auf *Benutzerdefinierte Zeigerfarbe auswählen* und stellen sich im so geöffneten Dialog den gewünschten Farbton ganz frei zusammen.

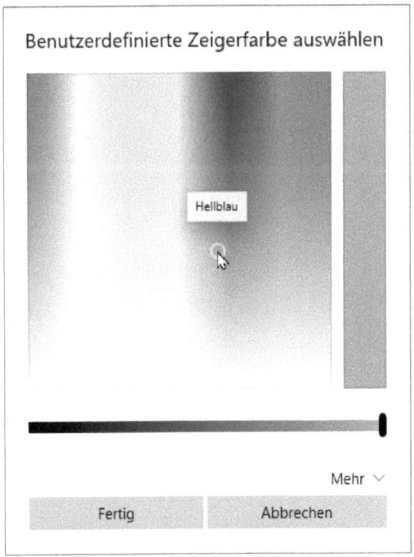

Bildschirmhelligkeit bei Mobilgeräten regeln

Wer Windows 10 auf einem Notebook oder Tablet einsetzt, findet ab sofort bei den Schnelleinstellungen im Benachrichtigungsbereich einen komfortablen Schieberegler vor, mit dem sich die Bildschirmhelligkeit jederzeit schnell verändern lässt. Außerdem ändert sich die Bildschirmhelligkeit nun nicht mehr, wenn man zwischen Akku- und Netzbetrieb wechselt.

Weiterhin im Akkubetrieb Energie sparen

Sie waren mit dem automatischen Abdunkeln des Bildschirms im Akkubetrieb eigentlich ganz zufrieden und möchten auch weiterhin auf diese Weise Energie sparen und die Akkulaufzeit verlängern? Das klappt nur noch mit einem kleinen Trick: Stellen Sie in den erweiterten Energieeinstellungen die Schwelle für *Niedrige Akkukapazität* auf 100% und legen Sie als *Aktion für niedrige Akkukapazität* das *Energie sparen* fest. Das wirkt sich allerdings nicht nur auf die

Bildschirmhelligkeit aus, sondern auch auf einige andere Bereiche wie beispielsweise das Ausführen von Hintergrundaufgaben. Sofern das Gerät regelmäßig auch am Netz betrieben wird, sollte das aber kein Problem sein.

Manipulationsschutz für die Windows-Sicherheit

Auch die Windows-Sicherheit bekommt eine neue Schutzfunktion, die Manipulationen an sicherheitsrelevanten Einstellungen verhindern soll. Dieser Manipulationsschutz ist nach dem Funktions-Update standardmäßig eingeschaltet, was auch sinnvoll ist. Sollte es dadurch aber Probleme mit einzelnen, wichtigen Anwendungen geben, können Sie ihn deaktivieren.

1. Klicken Sie in den Windows-Einstellungen unter *Update und Sicherheit/Windows-Sicherheit* auf *Windows-Sicherheit öffnen*.

2. In den Einstellungen der Windows-Sicherheit öffnen Sie *Viren- & Bedrohungsschutz* und klicken dort unter *Einstellungen für Viren- und Bedrohungsschutz* auf *Einstellungen verwalten*.

3. Suchen Sie im anschließenden Menü den Abschnitt *Manipulationsschutz* und setzen Sie den Schalter dort auf *Aus*.

Manipulationsschutz

Verhindert, dass wichtige Sicherheitsfeatures manipuliert werden.

 Ein

Weitere Informationen

Übersichtlicher Schutzverlauf

Schon länger gab der Bedrohungsverlauf des integrierten Virenscanners Anlass zur Kritik. Er war zu unübersichtlich und verwirrend gestaltet, so dass man jedes Mal ganz genau hinschauen und -klicken musste, um an die gewünschte Information zu kommen und richtig auf erkannte Gefahren zu reagieren. Die Entwickler haben sich die Kritik zu Herzen genommen und die Darstellung verschlankt und intuitiver gestaltet.

1. Stellt die Windows-Sicherheit aktuelle Bedrohungen fest, werden Sie wie gehabt im Infobereich darauf hingewiesen und auch im Bereich *Viren- und Bedrohungsschutz* werden diese prominent angezeigt.

2. Hier können Sie mit *Schutzverlauf* nun ein vollständiges Protokoll der gefundenen Bedrohungen abrufen.

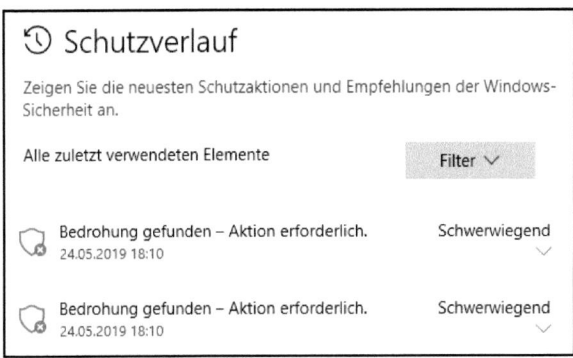

3. Jeden der Einträge können Sie durch Anklicken „ausklappen" und so alle Informationen kompakt erhalten.

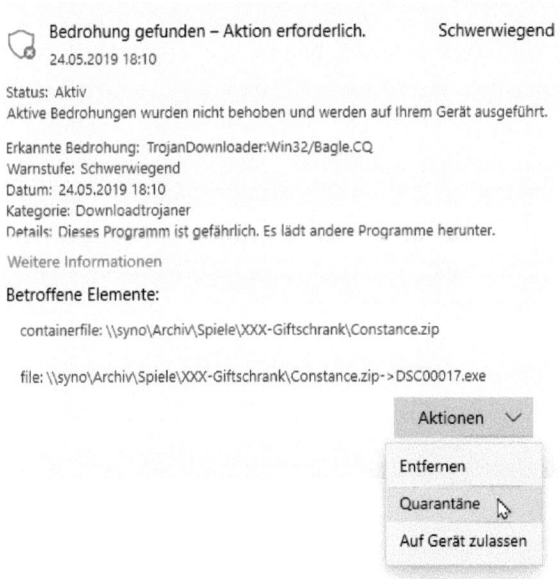

4. Unten finden Sie das Auswahlmenü *Aktionen*, mit dem Sie das betroffene Element direkt *Entfernen*, in *Quarantäne* stecken oder zulassen können.

So schützt Sie Windows vor Infektionen

Der Windows Defender läuft permanent im Hintergrund und kontrolliert alle Dateioperationen (sofern Sie nicht den Echtzeitschutz deaktiviert haben). Wird er fündig, erfahren Sie das durch einen Hinweis im Info-Center. Sollten Sie diesen verpassen, wird aber auch eine Benachrichtigung in der rechten Seitenleiste platziert. Mit einem Klick darauf öffnet die Windows Sicherheit direkt den Schutzverlauf, wo Sie weitere Schritte veranlassen können.

Grundsätzlich verschiebt der Defender alle als schädlich befundenen Dateien in einen speziellen Quarantäne-Ordner, sodass sie nicht mehr versehentlich geöffnet werden können. Dort verbleiben sie neutralisiert. Diesen Quarantäne-Ordner können Sie jederzeit einsehen und nachschauen, ob und welche Elemente sich darin angesammelt haben. Klicken Sie dazu im Schutzverlauf oben rechts neben *Alle zuletzt verwendeten Elemente* auf die Schaltfläche und wählen Sie im so geöffneten Menü *Elemente unter Quarantäne*.

Noch mehr Emojis & Co.

Schon vor einiger Zeit wurde Windows um eine komfortable Eingabe- bzw. Auswahlmöglichkeit für Emoticons erweitert. Diese lässt sich in Editoren und Eingabefelder mit dem Tastenkürzel **[Win] + [.]** öffnen. Das Mai 2019-Update ergänzt diesen Auswahldialog um weitere Rubriken für ASCII-Art und Sonderzeichen. Die sind zwar nicht ganz so farbenprächtig wie die bekannten Emojis, können aber auch sehr hilfreich sein und sind nun immer nur ein Tastenkürzel entfernt.

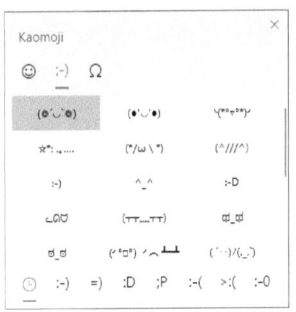
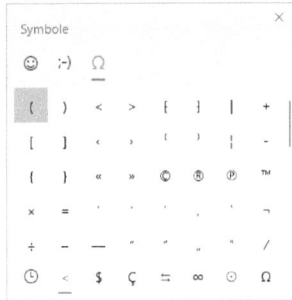

4. Änderungen bei Windows-Update

Beinahe schon traditionell renoviert Microsoft die Update-Funktion nicht nur optisch, sondern auch funktionell. Anscheinend hat man noch immer nicht den richtigen Dreh gefunden, der sowohl die Kunden als auch die Entwickler richtig glücklich macht. Immerhin aber werden Kunden der Home-Edition nun endlich besser gestellt und erhalten annähernd dieselben Möglichkeiten, Update zu verschieben, bis eventuelle Fehler ausgemerzt sind.

Funktions-Updates nicht mehr automatisch
Eine nicht ganz unwesentliche Änderungen unter der Haube: Die halbjährlichen Funktions-Updates werden in Zukunft nicht mehr automatisch bei Verfügbarkeit installiert. Der Benutzer wird lediglich darüber informiert und kann entscheiden, ob das Update sofort oder später installiert werden soll. Ausnahme: Wenn Funktions-Updates so lange hinausgezögert werden, dass aktuelle Sicherheits-Updates nicht mehr anwendbar wären, erfolgt aus Sicherheitsgründen zwangsweise ein Funktions-Update.

Updatepause bis zu fünf Wochen

Die Einstellungen unter *Update und Sicherheit/Windows Update* wurden nicht nur optisch gefälliger gestaltet. Hier findet sich nun auch die neue Funktion *Updatepause für 7 Tage*. Wenn Sie diese anklicken, werden alle Updates für eine Woche ausgesetzt. Ein weiteres Anklicken fügt nochmals eine Woche dazu. Insgesamt können Sie bis zu fünf Mal klicken und somit maximal 35 Tage Updatepause einlegen.

Alternativ können Sie bei *Erweiterte Optionen* im Abschnitt *Updates aussetzen* auch direkt das Datum auswählen, bis zu dem keine Updates erfolgen sollen. Hier können Sie die Updatepause auch abbrechen, indem Sie bei *Anhalten bis* beispielsweise den morgigen Tag einstellen.

Updates aussetzen

Sie können die Installation von Updates auf diesem Gerät vorübergehend bis zu 35 Tage aussetzen. Wenn das Zeitlimit für das Aussetzen erreicht ist, müssen neue Updates auf das Gerät angewendet werden, bevor sie wieder ausgesetzt werden können.

Anhalten bis

Samstag, 25. Mai 2019 ∨

Keine verschiedenen Update-Kanäle mehr

Vor gar nicht so langer Zeit hatte Microsoft erst verschiedene Update-Kanäle eingeführt. Erst hießen sie „Current Branch" bzw. „Current Branch für Business", später „Semi-Annual Channel" bzw. „Semi Annual Channel (Targeted)". Der jeweils letztere Kanal sorgte dafür, dass Funktions-Updates hinausgezögert wurden und sollte für mehr Stabilität sorgen.

Damit ist es nun wieder vorbei, denn diese Kanäle werden ersatzlos gestrichen. Sie sind aber auch nicht mehr unbedingt nötig, da man Qualitäts-Updates anderweitig bis zu fünf Wochen hinauszögern kann und Funktions-Updates nicht mehr automatisch installiert werden.

Die Nutzungszeit automatisch ermitteln

Die Nutzungszeit ist der Zeitraum des Tages, an dem der PC üblicherweise verwendet wird und deshalb nicht durch Updates oder womöglich erforderliche Neustarts blockiert werden sollte. Diesen Zeitraum konnte und kann man auch weiterhin manuell nach seinen Bedürfnissen festlegen. Allerdings bietet Windows nun zusätzlich die Möglichkeit, die Nutzungszeit automatisch zu bestimmen und dabei dynamisch den Gewohnheiten des Benutzers anzupassen.

Leider hat Microsoft bislang nicht erläutert, nach welchen Prinzipien diese dynamische Anpassung der Nutzungszeit genau arbeitet. Es bleibt also abzuwarten, wie „intelligent" diese Lösung tatsächlich ist. Aber der Versuch kann sicher nicht schaden. Notfalls kann man jederzeit zu einem manuell festgelegten Zeitraum zurückkehren.

Klicken Sie dazu in den Windows Update-Einstellungen auf *Nutzungszeit ändern* und setzen Sie im anschließenden Menü den Schalter bei *Nutzungszeit für dieses Gerät automatisch auf Grundlage der Aktivität anpassen* auf *Ein*.

⌂ Nutzungszeit ändern

Legen Sie eine Nutzungszeit fest, damit wir wissen, wann Sie das Gerät normalerweise nutzen. Ihr Gerät wird während dieser Zeit nicht automatisch neu gestartet.

Nutzungszeit für dieses Gerät automatisch auf Grundlage der Aktivitäten anpassen

 Ein

Aktuelle Nutzungszeit: 08:00 bis 23:00

Hinweise auf erforderliche Neustarts
Sollte ein eingespieltes Update einen Neustart erfordern, damit die Installation abgeschlossen werden kann, macht Windows Sie darauf ab sofort „dezent" aufmerksam. Die Ein-/Aus-Schaltfläche im Startmenü wird in diesem Fall orange markiert. Außerdem wird ein unübersehbares Symbol im Infobereich der Taskleiste angezeigt.

Reservierter Speicher für Updates

Gerade wenn es auf der Festplatte beengt zugeht, können Updates wegen Platzmangel scheitern. Um das zu vermeiden, führt Microsoft mit dem Mai 2019-Update speziell für diesen Zweck eine Speicherreserve ein. Diese soll dafür sorgen, dass stets ausreichend Festplattenspeicher zur Verfügung stehen, um auch Funktions-Updates und andere umfangreichere Aktualisierungen jederzeit reibungslos durchführen zu können.

Das bedeutet allerdings auch, dass Windows sich eigenmächtig ein Stück vom Festplattenkuchen abschneidet, der dann für andere Zwecke nicht mehr zur Verfügung steht. Der Umfang dieser Speicherreserve hängt von den installierten Windows-Feature ab. Offiziellen Angaben Microsofts zufolge liegt die Größe des reservierten Speichers um 7 GB, was sich auch mit meinen Beobachtungen deckt.

Wichtiger Hinweis: Der reservierte Speicher wird nun bei Neuinstallationen angelegt. Wenn Sie Ihren PC per Funktions-Update auf die Mai 2019-Version aktualisieren, wird also keine Reserve erstellt. Dies erfolgt nur, wenn eine Windows 1903-Version oder neuer auf einem PC frisch installiert wird bzw. wenn Sie einen neuen PC kaufen, der mit einem vorinstallierten 1903-Windows kommt.

Den reservierten Speicher überprüfen

Der reservierte Speicher lässt sich nicht über Optionen steuern. Man kann ihn also nicht deaktivieren und auch nicht aktivieren, wenn man diese Funktion auf einem aktualisierten Windows-PCs nachträglich nutzen möchte. Ob auf Ihrem PC Speicher für Updates reserviert ist können Sie aber zumindest feststellen.

1. Öffnen Sie in den Windows-Einstellungen den Bereich *System/Speicher*. Hier wird für den Systemdatenträger die Speicherbelegung angezeigt.

2. Klicken Sie in der Liste auf den Eintrag *System-reserviert*, um diesen genauer aufzuschlüsseln.

⌂ System-reserviert

Systemdateien

7,35 GB

Diese Systemdateien ermöglichen den ordnungsgemäßen Betrieb von Windows. Ihr PC ist ohne die Dateien nicht funktionsfähig.

Reservierter Speicher

6,80 GB

Windows reserviert Speicherplatz, um die ordnungsgemäße Leistung und erfolgreiche Updates des Geräts zu vereinfachen.

Informationen zur Funktionsweise der Speicherreservierung

3. Finden Sie in der Aufstellung einen Eintrag *Reservierter Speicher*, können Sie sicher sein, dass

diese Funktion auf Ihrem PC aktiviert ist. Zusätzlich können Sie ablesen, wie groß diese Reserve ist.

Reservierten Speicher freigeben

Auch wenn es für diese Funktion keine Optionen zum Steuern gibt, können Sie die Speicherreserve loswerden, wenn Sie es unbedingt möchten. Dazu ist der folgende kleine Eingriff erforderlich. Hinweis: Dieser Vorgang ist nach derzeitigen Erkenntnissen nicht rückgängig zu machen!

1. Öffnen Sie den Registrierungseditor (regedit.exe).

2. Navigieren Sie dort zum dem Schlüssel *HKEY_LOCAL_MACHINE\SOFTWARE\Microsof t\Windows\CurrentVersion\ReserveManager*.

3. Lokalisieren Sie dort auf der rechten Seite die Werte *PassedPolicy* und *ShippedWithReserves* und ändern Sie diese jeweils auf den Wert 0.

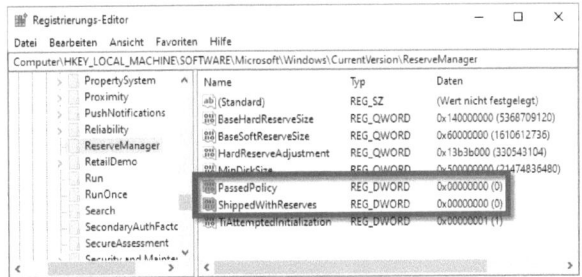

4. Schließen Sie dann den Registrierungseditor und kehren Sie in den Windows-Einstellungen unter *System/Speicher* zurück.

5. Klicken Sie dort oben auf den Link *Konfigurieren Sie die Speicheroptimierung oder führen Sie den Vorgang jetzt aus*.

6. Klicken Sie im anschließenden Menü ganz unten auf die Schaltfläche *Jetzt bereinigen* und warten Sie kurz ab, bis der Vorgang beendet wurde.

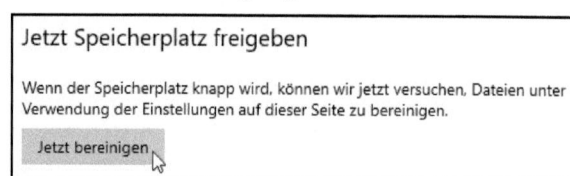

7. Wenn Sie nun erneut wie im vorangehenden Abschnitt beschrieben den System-reservierten Speicher überprüfen, sollte der Eintrag *Reservierter Speicher* verschwunden sein.

5. Neues und Verändertes in den Einstellungen

Wie bei jedem Funktions-Update haben die Entwickler auch an den Einstellungen wieder herumgeschraubt und weitere Optionen aus der Systemsteuerung in die modernen, touch-freundlichen Windows-Einstellungen übernommen.

Die Uhrzeit synchronisieren

Faszinierenderweise schaffen es Windows-PCs noch immer, gelegentlich die falsche Uhrzeit anzuzeigen. Trotz elektronischer Taktgeber und der Möglichkeit der Online-Synchronisierung gehen die Uhren gelegentlich vor oder nach – gerne auch mal eine ganze Stunde, was dann auf Probleme mit der Zeitumstellung oder -zone hinweist. In solchen Fällen musste man bislang immer noch die klassische Systemsteuerung bemühen, da nur diese die Möglichkeit bot, eine manuelle Online-Synchronisierung durchzuführen.

1. Öffnen Sie nun stattdessen in den Windows-Einstellungen die Rubrik *Zeit und Sprache*.

2. Hierin wird automatisch die oberste Rubrik Datum und Uhrzeit gewählt.

3. Hier können Sie oben die aktuelle Uhrzeit und das Datum (nach Meinung Ihres PCs) ablesen.

4. Sollte dies eine Anpassung erfordern, finden Sie nun weiter unten den Abschnitt *Uhrzeit synchronisieren*. Der verrät Ihnen, wann zuletzt erfolgreich synchronisiert wurde und mit welchem Server.

Uhrzeit synchronisieren

Letzte erfolgreiche Zeitsynchronisierung: 22.05.2019 13:36:28
Zeitserver: time.windows.com

Jetzt synchronisieren

---

5. Mit einem Klick auf *Jetzt synchronisieren* führen Sie unmittelbar eine erneuten Synchronisierung durch, die in der Regel zu einer korrekten Uhrzeit des Gerätes führt.

6. Sollte die Uhrzeit genau um eine Stunde vor- oder nachgehen, überprüfen Sie außerdem darunter, ob die richtige *Zeitzone* für Ihren aktuellen Aufenthaltsort eingestellt ist.

Einen alternativen Zeitserver einstellen
Standardmäßig wird zum Synchronisieren ein Server von Microsoft benutzt. Sie können auch einen anderen angeben. So stellen verschiedene Organisationen solche Server zur Verfügung. Auch Router wie die FRITZ!Box können das heimische Netzwerk mit einer richtigen und einheitlichen Uhrzeit versorgen. Diese Konfiguration hat es aber immer noch nicht in die Windows-Einstellungen geschafft. Klicken Sie statt in der oben beschriebenen Rubrik rechts auf *Uhren für unterschiedliche Zeitzonen hinzufügen* und wechseln Sie im so geöffneten Menü

in die Rubrik *Internetzeit*. Klicken Sie dort auf *Einstellungen ändern*. Im anschließenden Dialog geben Sie im Feld *Server* die Adresse des gewünschten Zeitservers ein. Mit *Jetzt aktualisieren* rechts daneben können (und sollten) Sie dann gleich probieren, ob der Abgleich mit diesem Server auch klappt und das gewünschte Ergebnis bringt.

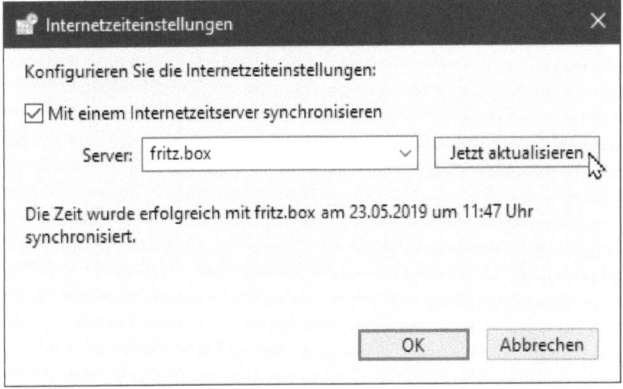

Benachrichtigungsassistent bei Vollbild

Mit dem Benachrichtigungsassistenten können Sie schon seit einiger Zeit recht detailliert regeln, wann Sie ungestört bleiben oder nur über wirklich wichtige Dinge informiert werden möchten. Bislang konnte man Regel nach Uhrzeiten festlegen oder automatisch in Kraft treten lassen, wenn Spiele ausgeführt werden oder der Bildschirm für eine Präsentation dupliziert wird. Neu hinzu kommt nun als Auslöser von Regeln das Ausführen einer App im Vollbildmodus. Die Idee dahinter ist offenbar, dass man konzentriert und ungestört arbeiten möchte, wenn man eine App über den ganzen Bildschirm anzeigen lässt.

1. Öffnen Sie dazu in den Windows-Einstellungen den Bereich *System/Benachrichtigungsassistent*.

2. Hier finden Sie im Abschnitt *Automatische Regeln* ganz unten neu die Option *Wenn ich eine App im Vollbildmodus verwende.*

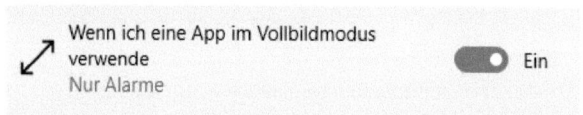

3. Mit dem Schalter rechts können Sie diesen Auslöser grundlegend ein- oder ausschalten.

4. Klicken Sie an anderer Stelle auf diesen Eintrag, wird ein Untermenü geöffnet. Hier können Sie genau wie für die anderen Auslöser die *Benachrichtigungspriorität* wählen sowie die Benachrichtigung über den Assistent im Info-Center ggf. deaktivieren.

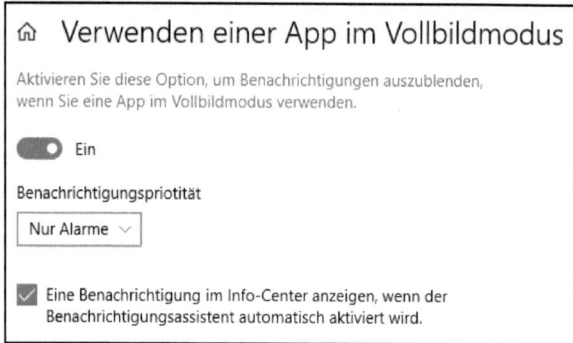

Überarbeitete Anmeldeoptionen

Die Einstellungen unter *Konten/Anmeldeoptionen* sind mittlerweile so vielfältig geworden, dass eine gefälligere Gestaltung dringend notwendig wurde. Nun findet man dort für jede Anmeldevariante einen kompakten Eintrag vor, den man per Mausklick ausklappen kann. Erst dann werden weitere Informationen, Links und Schaltflächen zu dieser Anmeldungsart sichtbar.

Anmeldeoptionen

Vorgehensweise für die Anmeldung an Ihrem Gerät verwalten

Wählen Sie eine Anmeldeoption aus, um sie hinzuzufügen, zu ändern oder zu entfernen.

 Windows Hello-Gesichtserkennung
Diese Option ist zurzeit nicht verfügbar. Klicken Sie hier, um weitere Informationen zu erhalten.

 Windows Hello Fingerabdruck
Diese Option ist zurzeit nicht verfügbar. Klicken Sie hier, um weitere Informationen zu erhalten.

 Windows Hello-PIN
Mit PIN anmelden (empfohlen)

 Sicherheitsschlüssel
Mit physischem Sicherheitsschlüssel anmelden

 Kennwort
Mit Ihrem Kontokennwort anmelden

 Bildcode
Wischen und tippen Sie auf ihr Lieblingsfoto, um Ihr Gerät zu entsperren

Dem aufmerksamen Beobachter ist sicher auch nicht entgangen, dass es hier mittlerweile eine weitere Anmeldeoption gibt. Unter einem Sicherheitsschlüssel versteht man einen USB-Stick, der – in den Rechner eingesteckt – den Zugang frei gibt. Allerdings klappt das nicht mit jedem beliebigen Stick. Sie benötigen für diesen Zweck einen speziellen FIDO2-USB-Schlüssel, den man ab ca. 25,00 EUR erwerben kann.

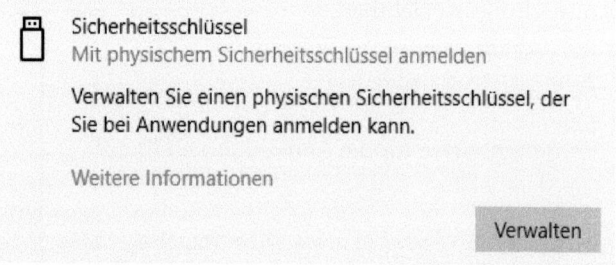

Sicherheitsschlüssel
Mit physischem Sicherheitsschlüssel anmelden

Verwalten Sie einen physischen Sicherheitsschlüssel, der Sie bei Anwendungen anmelden kann.

Weitere Informationen

Verwalten

Einstellungen für Ethernet-Anschlüsse bearbeiten

Bei WLAN-Anschlüssen konnte man in den Windows-Einstellungen schon länger die Konfiguration bearbeiten und so etwa vom automatischen DHCP zu einer manuellen Konfiguration wechseln. Für Ethernet-Anschlüsse ging das bislang nur über die klassische Systemsteuerung. Nun aber findet sich auch hierfür ein Dialog in den Windows-Einstellungen.

1. Öffnen Sie in den Einstellungen den Bereich *Netzwerk und Internet/Ethernet*.

2. Wählen Sie hier das Netzwerk aus (in der Regel gibt es allerdings nur das, mit dem Sie gerade verbunden sind).

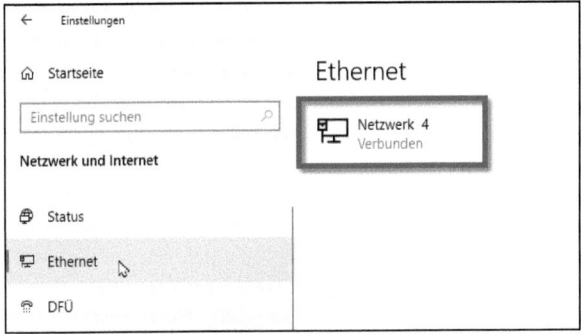

3. In den Einstellungen dieses Netzwerkanschlusses finden Sie nun zusätzlich den Abschnitt *IP-Einstellungen*. Hier ist bei *IP-Zuweisung* die derzeitige Konfiguration angegeben.

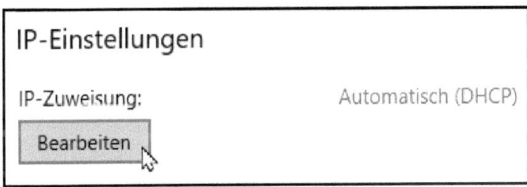

4. Möchten Sie diese ändern, klicken Sie darunter auf *Bearbeiten*.

5. Wählen Sie im anschließenden Dialog, ob die Konfiguration *Automatisch (DHCP)* oder *Manuell* erfolgen soll.

6. Bei manueller Einstellung können Sie nach Bedarf IPv4 und/oder IPv6 einschalten und dafür jeweils

die Parameter für Ihren Netzwerkanschluss festlegen.

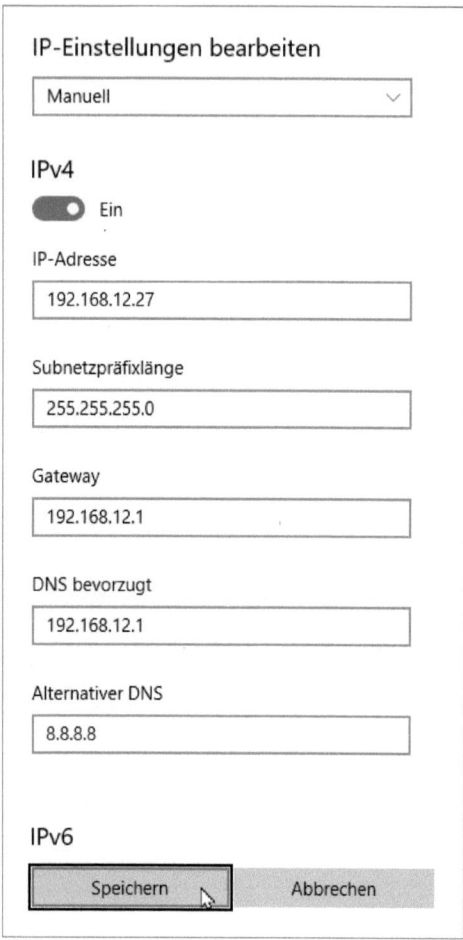

Vorsicht Falle: Widersprüchliche Einstellungen

Etwas Vorsicht ist geboten, weil man diese Optionen derzeit sowohl in den Windows-Einstellungen als auch in der klassischen Systemsteuerung vornehmen kann. Und Microsoft scheint die friedliche Koexistenz beider Möglichkeiten noch nicht im Griff zu haben. So kann es vorkommen, dass man in der Systemsteuerung die Netzwerkeinstellungen manuell konfiguriert, die Windows-Einstellungen aber behaupten, dass dieser Anschluss automatisch per DHCP konfiguriert würde. Im Zweifelsfall also an beiden Stellen nachschauen bzw. konsequent nur eine Variante der Einstellungen nutzen.

Neue Schriftarten per Drag&Drop installieren

Es war noch nie wirklich schwierig, neue Schriftarten in Windows zu installieren. Im Grunde genommen reicht es, auf eine heruntergeladene Schriftartdatei doppelzuklicken, um den Vorgang anzustoßen. Allerdings scheitern nicht wenige Anwender daran, weil es eben nicht offensichtlich ist und es nirgends eine direkte Funktion zum Installieren einer Schriftart gibt.

Dem haben die Entwickler nun Abhilfe geschaffen, in dem Sie in den Windows-Einstellungen unter *Personalisierung/Schriftarten* ganz oben ein unübersehbares Feld *Drag&Drop zum Installieren* vorgesehen haben. Hierhin kann man Schriftartdateien ziehen und darauf fallen lassen. Sie werden dann ohne weitere Umständen installiert und sind Sekunden später in allen Anwendungen verfügbar.

Ausnahme: Manche ältere Anwendung liest die vorhandenen Schriftarten nur einmal beim Start aus. In diesem Fall muss die Anwendung einmal beendet und wieder neu gestartet werden, damit man die neue Schrift darin verwenden kann.

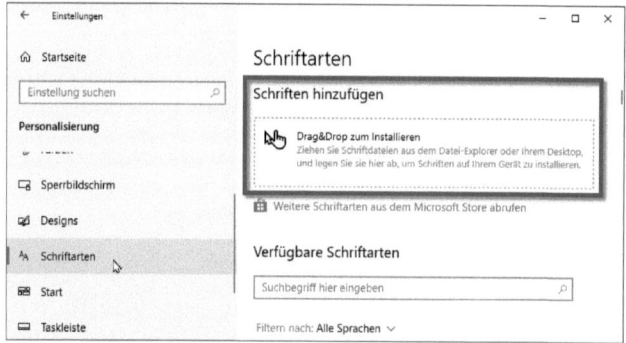

6. Dies und das – klein, aber fein

Wie immer bringt ein Windows 10 Funktions-Update jede Menge kleine Änderungen und Neuerungen mit sich, die sich nicht einem der großen Themengebiete zuordnen lassen. Deshalb gibt es auch dieses Mal wieder ein Kapitel, wo alle diese Änderungen unter dem Motto „klein, aber fein" zusammengefasst sind.

Task-Manager in der bevorzugten Registerkarte starten

Der Task-Manager kann eine ganze Reihe von Informationen sichtbar machen, die er in verschiedene Register unterteilt. Standardmäßig startet er – in der Variante für mehr Details – immer mit der Registerkarte *Prozesse*. Will man beispielsweise die Leistung von Prozessor, Speicher und Netzwerk untersuchen, muss man immer erst ins entsprechende Register wechseln.

Wenn Sie meist eine ganz bestimmte Registerkarte des Task-Manager nutzen, können Sie nun einstellen, dass er beim Start stets automatisch dieses Register öffnen soll.

1. Klicken Sie im Task-Manager (in der Ansicht mit mehr Details) im Menü auf *Optionen/Standardregisterkarten festlegen*.

2. Im so geöffneten Untermenü finden Sie Einträge für jedes der Register des Task-Manager.

3. Klicken Sie einfach auf die Registerkarte, die der Task-Manager beim Öffnen standardmäßig anzeigen soll.

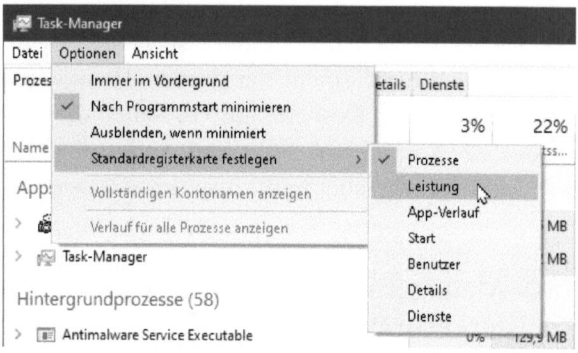

Apps mit DPI-Problemen identifizieren

Eine weitere Neuerung im Task-Manager adressiert die Probleme, die beim Einsatz von hochaufgelösten Bildschirmen mit Anwendungen entstehen, die nicht flexibel auf die gewünschte Auflösung (DPI) reagieren. Bei hochauflösenden Bildschirmen vergrößert man gerne die Darstellung, um kleine Elemente gut sehen und die hohe Auflösung genießen zu können. Wenn eine Anwendung das nicht mitmacht, kommt es zu Darstellungsfehlern, abgeschnittenen und fehlenden Bedienelemente und ähnlichen Problemen.

Mit dem Task-Manager können Sie nun auf einen Blick feststellen, welche Apps DPI-freundlich sind und bei welchen es mit hohen Auflösungen zu Problemen kommen kann.

1. Öffnen Sie den Task-Manager und wechseln Sie dort in die Rubrik *Details*. Hier werden alle derzeit laufenden Anwendungen aufgeführt.

2. Klicken Sie auf eine der Spaltenüberschriften und wählen Sie *Spalten auswählen*.

3. Gehen Sie im so geöffneten Dialog ganz nach unten, bis Sie die Option *DPI-Ausführung* finden. Setzen Sie dort ein Häkchen und klicken Sie dann auf *OK*.

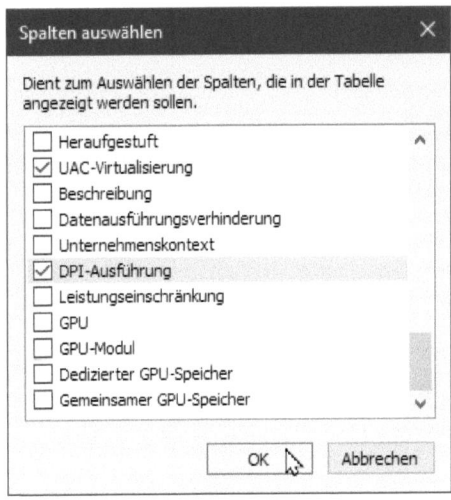

4. Zurück im Task-Manager wurde nun eine entsprechende neue Spalte eingeführt.

In dieser Spalte können Sie für jede Anwendung ablesen, ob Sie höhere DPI unterstützt (*Pro Monitor* bzw. *Pro Monitor v2*) oder eher nicht (*Nicht verfügbar* bzw. *Nicht bekannt*). Selbstverständlich können Sie die Liste auch anhand dieser Spalte sortieren.

Empfohlene Problembehandlung

Eine interessante Funktion unter der Haube hat Microsoft unter der Bezeichnung „Empfohlene Problembehandlung" entwickelt. Im Gegensatz zu den bereits bekannten Problembehandlungen arbeitet diese selbständig und kann automatisch typische Probleme erkennen und oft auch beheben oder den Anwender zumindest darauf aufmerksam machen. So wird beispielsweise das Abstürzen von wichtigen Systemdiensten erkannt und diese automatisch wieder reaktiviert.

Das Ganze geschieht von alleine im Hintergrund. Allerdings gibt es eine Option, mit der Sie steuern können, wie gründlich und unauffällig die Funktion vorgehen soll oder darf. So lässt sie sich beispielsweise auf kritische Probleme beschränken oder wird ergreift grundsätzlich nur nach Rückfrage Maßnahmen zur Korrektur.

1. Microsoft hat diese Option an einer etwas ungewöhnlichen Stelle in die Einstellungen integriert, nämlich unter *Datenschutz/Diagnose und Feedback.*

2. Hier finden Sie rechts ganz unten nun den Abschnitt *Empfohlene Problembehandlung.*

3. Er umfasst nur eine Option, die vier Auswahlmöglichkeiten bietet:

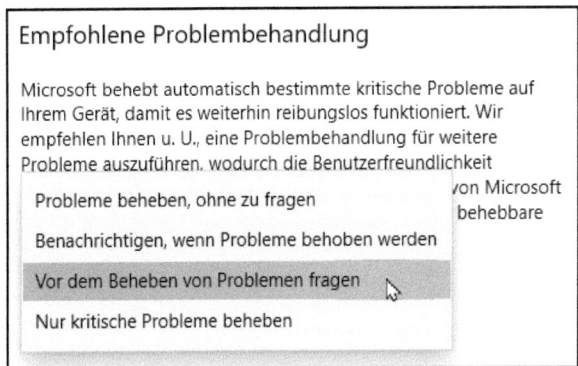

> *Probleme beheben, ohne zu fragen*: Wenn Sie PCs von anderen, weniger versierten Benutzern betreuen, ist das eine praktische Wahl, denn die Problembehandlung erledigt ihre Aufgaben dann im Zweifelsfall ohne Rückfragen.

> *Benachrichtigen, wenn Probleme behoben werden*: Wollen Sie zumindest verfolgen, wann und wie die Problembehandlung eingreift, werden Sie mit dieser Wahl über Maßnahmen benachrichtigt, die diese Funktion ergriffen hat.

> *Vor dem Beheben von Problemen fragen*: Wer noch mehr Kontrolle will, der kann sich hiermit über erkannte Probleme informieren lassen und jeweils entscheiden, ob die Problembehandlung eingreifen soll.

> *Nur kritische Probleme beheben*: Mit dieser Option beschränkt sich die Problembehandlung auf kritische Fälle, welche die Sicherheit und Stabilität des System akut bedrohen.

Mitgelieferte Apps deinstallieren

Windows bringt eine ganze Reihe von Apps mit, die beim Installieren automatisch eingerichtet werden. Manche davon sind sinnvoll und hilfreich, andere werden die meisten Benutzer nie verwenden. Sie nehmen nur Platz (im Speicher und im Startmenü) weg. Bei einigen Apps war es bislang bereits möglich, diese zu deinstallieren und so loszuwerden. Dazu klickt man auf den entsprechenden Eintrag im Startmenü und wählt im Kontextmenü *Deinstallieren*.

Diese Gruppe hat Microsoft nun erfreulicherweise erweitert, so dass Sie nun unter anderem folgende Apps deinstallieren können:

▶ 3D Viewer

▶ Ausschneiden und Skizzieren

▶ Feedback Hub

▶ Filme & TV

▶ Groove-Musik

▶ Kalender

▶ Mail

▶ Mixed Reality Portal

- Mobilfunktarife

- Office

- OneNote

- Paint 3D

- Print 3D

- Rechner

- Skype

- Solitaire Collection

- Sprachrekorder

- Sticky Notes

- Tipps

- Wetter

- Xbox

Renovierter Zwischenablageverlauf

Mit dem letzten Funktions-Update vom Herbst 2018 hatte Windows den neuen Zwischenablageverlauf spendiert bekommen. Diese wurde funktionell zwar nicht verändert, aber optisch überarbeitet. Anstelle von mehreren verteilten Symbolen gibt es nun ein Menü-Symbol an jedem Eintrag, über das alle Funktionen erreichbar sind:

- *Löschen*: entfernt dieses Element aus dem Verlauf.

▶ *Auf Startseite*: ersetzt das alte Pin-Symbol und heftet dieses Element dauerhaft oben im Verlauf an.

▶ *Alle löschen*: Löscht den gesamten Verlauf.

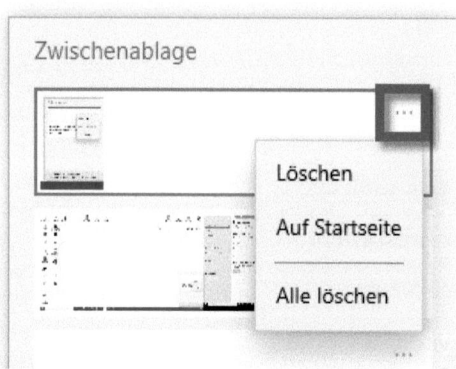

Tastenkürzel für Paint

Es ist noch nicht lange her, da kündigte Microsoft an, das Urgestein Paint in absehbarer Zukunft zugunsten seines modernen Nachfolgers Paint 3D fallen zu lassen. Möglicherweise haben die Beschwerden zahlreiche Anwender dazu beigetragen, ein Umdenken zu bewirken. Nun soll Paint nicht nur weiterleben, sondern es wird sogar aktiv weiter entwickelt.

Mit der aktuellen Ausgabe erhält es eine ganze Reihe von Tastenkürzel für fast alle Funktionen, so dass es sich auch nur mit der Tastatur bedienen lässt. Das ist vor allem für Menschen mit Einschränkungen gedacht, die keine Maus nutzen können. Aber auch andere Paint-Freunde können davon sicher profitieren.

▶ Zum Auswählen eines Werkzeugs kann wie bislang auch schon **[Alt]** verwendet werden: Damit werden oben in den Symbolleisten die Tasten angezeigt, mit denen Sie die verschiedenen Funktionen aktivieren können.

▶ Haben Sie ein Werkzeug gewählt, können Sie mit den Pfeiltasten dessen Symbol über den Bildschirm bewegen.

▶ Halten Sie **[Strg]** gedrückt und nutzen dann die Pfeiltasten, wird stattdessen die Leinwand bewegt.

▶ Durch Drücken der Leertaste wird das gewählte Werkzeug aktiviert und Sie können es dann mit den Pfeiltasten steuern, bis Sie die Leertaste wieder loslassen.

▶ Wenn Sie beispielsweise einen Auswahlbereich erstellt haben, können Sie mit **[Tab]** die verschiedenen Ecken und Kanten der Auswahl anwählen und diese dann mit den Pfeiltasten verschieben.

▶ Um eine Aktion abzuschließen, beispielsweise das Bild auf einen gewählten Bereich zu beschneiden, drücken **[Strg]** + **[Leer]**. Wollen Sie die Aktion stattdessen abbrechen, geht dies mit **[Esc]**.

Bildschirmfotos von einzelnen Fenstern

Die neue App *Ausschneiden und Skizzieren* wurde schon mit dem letzten Funktions-Update eingeführt und soll das *Snipping Tool* ersetzen. Allerdings fehlte ihr noch eine wichtige Funktion, die nun nachgerüstet wurde. Neben Rechteck, Freiform und Vollbild kann man ab sofort auch gezielt ein einzelnes Fenster der Windows-Oberfläche anwählen, von dem dann ein Bildschirmfoto erstellt wird.

1. Drücken Sie das Tastenkürzel **[Win]** + **[Umschalt]** + **[S]**.

2. Damit starten Sie die App für Bildschirmfotos, die den Bildschirm abdunkelt und oben eine kleine Steuerleiste anzeigt.

3. Bewegen Sie den Mauszeiger auf dieses Steuerelement und klicken Sie dort das mittlere Symbol einfach an.

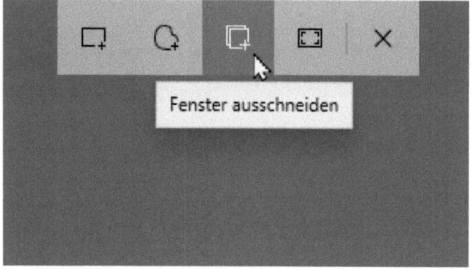

4. Bewegen Sie nun den Mauszeiger auf das gewünschte Anwendungsfenster. Es wird aufgehellt, um anzuzeigen, welcher Bereich abgebildet würde.

5. Passt die Auswahl, klicken Sie einfach in diesen Bereich, um ein Bildschirmfoto davon erstellen zu lassen.

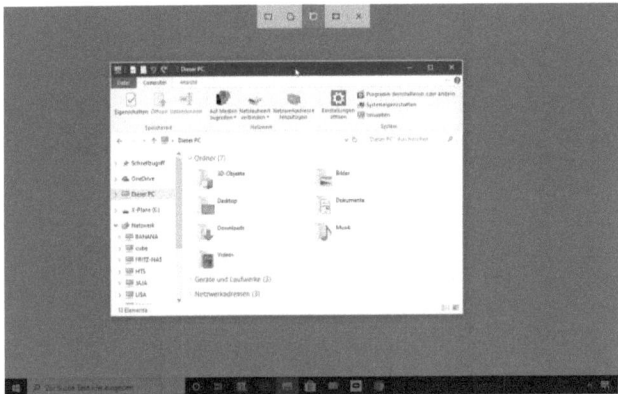

Das Bild finden Sie anschließend wie gewohnt im Infobereich vor und können darüber die App *Ausschneiden und skizzieren* öffnen, um es weiter zu bearbeiten.

Zum Schluss…

…möchte ich Ihnen für Ihre Aufmerksamkeit danken. Ich hoffe, Sie haben in diesem detaillierten Überblick zum Frühjahr 2019-Update viel Neues und Interessantes entdecken und gewinnbringend nutzen können.

Wenn Sie Fragen haben, Feedback loswerden oder Ihre eigenen Erfahrungen teilen möchten, besuchen Sie mich im Internet unter **www.gieseke-buch.de**. Hier finden Sie auch weitere Informationen und Tipps zu diesem und anderen Themen meiner Bücher.

Eine Bitte in eigener Sache

Ich freue mich, wenn Sie Ihre positiven Eindrücke an andere interessierte Leser weitergeben, etwa durch **persönliche Empfehlungen, Rezensionen** auf einer der einschlägigen Plattformen oder auch durch Hinweise **in Foren oder sozialen Netzwerken**.

Dieser Titel ist ohne Marketing-Budget und Vertriebsstrukturen großer Verlage erschienen, denen das Thema nicht profitabel genug erschien. Deshalb ist **Mund-zu-Mund-Propaganda** besonders wichtig. Wenn Sie also der Meinung sind, dass dieses Buch auch für andere Leser interessant und hilfreich sein könnte, dann **sagen Sie es bitte weiter**.

Vielen Dank.

Stichwortverzeichnis

Wolfram Gieseke

Der Windows 10 Pannenhelfer

- Hardware und Software reparieren
- Windows reanimieren und wiederherstellen
- Probleme analysieren und beheben
- für den Ernstfall optimal vorbereiten

Wolfram Gieseke

Windows 10 Datenschutzfibel 2019

Aktualisierte & erweiterte Neuauflage

- Schützen Sie Ihre Daten und Privatsphäre
- Alle Privacy-Einstellungen von Windows 10 finden & verstehen
- Microsoft-Telemetrie vollständig blockieren

Wolfram Gieseke

Erpressungs-Trojaner

**Erste Hilfe und Schutz
für Windows-PCs**

- Im Ernstfall richtig reagieren
- Infektionen vermeiden und Datenverlusten vorbeugen
- Wichtige Tools, Links & Tipps

Wolfram Gieseke

Android-Tuning

für Smartphone & Tablet

- Leistung und Speicher optimieren
- Akkulaufzeit verlängern
- Oberfläche anpassen und Abläufe automatisieren